AF267251

L'APPEL AU DROIT

PAR

Adrien DE TERRASSON DE MONTLEAU

PARIS

J. FÉCHOZ, LIBRAIRE-ÉDITEUR

5, RUE DES SAINTS-PÈRES, 5.

1876

L'APPEL AU DROIT

Paris. — Typ. PILLET fils aîné, 5, rue des Grands-Augustins.

L'APPEL AU DROIT

PAR

Adrien DE TERRASSON DE MONTLEAU

PARIS

J. FÉCHOZ, LIBRAIRE-ÉDITEUR

5, RUE DES SAINTS-PÈRES, 5.

1876

L'APPEL AU DROIT

> « Rien ne m'empêchera d'aimer le Roi
> que j'ai toujours servi. »
>
> MICHAUD.

PRÉFACE

Le titre de cet opuscule contient l'expression de ma dernière espérance.

A l'aspect de ce frêle édifice élevé après quelques autres pour la défense du droit, je m'arrête sur le seuil et, avant d'en présenter la clef à mes amis, si j'interroge un passé bien connu de mon entourage, je lis dans des yeux sympathiques cette réponse encourageante : « Oui, parlez, sinon par ordre de mérite, du moins par droit de fidélité. »

Si, maintenant, le lecteur auquel ma première page révèle mon existence me demande à quel titre j'ose m'inscrire parmi les défenseurs du droit, je vais répondre à cette question :

Appartenant par la date de ma naissance à une génération qui n'a pas vu la Terreur, j'en ai lu les saturnales dans des pages rougies du sang de

1

ma famille, dont six membres ont payé de leur tête, sur l'échafaud ou dans les émeutes, une foi politique à l'épreuve des brusques retours de la fortune.

Resté toute ma vie dégagé des entraves d'emplois salariés qui auraient pu apporter un poids incommode dans la balance de mes appréciations, j'ai appris, par de sérieuses recherches historiques, et sous la pression des diverses formes politiques successivement imposées à mon pays, durant de longs interrègnes, les motifs réels de la préférence qu'il a donnée, pendant quatorze siècles, à la monarchie traditionnelle.

Je suis du nombre des royalistes que la révolution a atteints dès l'enfance.

Mon père, ancien page du roi Louis XVI, appuya de son influence sur ses collègues, en qualité de président du conseil général de la Charente, dans le cours de la session de 1815, l'initiative de toutes les mesures commandées par le devoir, en vue du maintien de la paix de l'Europe, menacée par l'apparition, sur les côtes de Provence, de Napoléon arrivant de l'île d'Elbe.

En présence d'une ère nouvelle ouverte à ses chances de retour, le pouvoir impérial appuyé sur la révolution, dont il se déclarait le continuateur dans ses proclamations datées du golfe Juan, avait fait appel aux passions populaires. Il ne tarda pas à se révéler officiellement dans cette voie, par la circulaire ministérielle du 11 mai 1815.

Ce manifeste incendiaire, semé d'allusions si transparentes qu'elles offraient, jusqu'au fond de hameaux ignorés, des indications précises aux hommes du 20 mars, contre les royalistes en évidence, eut un effet aussi prompt que désastreux.

Quelques jours après l'apparition de ce document, mon père vit son exploitation rurale des Andreaux cernée par une bande d'émeutiers et sur le point d'être livrée au pillage, sans l'intervention providentielle d'une brigade de gendarmerie envoyée, à la hâte, sur le théâtre du désordre par la prévoyance attentive du préfet de la Charente, Boissy-d'Anglas, auquel, l'année précédente, lorsque le retour du gouvernement royal avait pu, un instant, faire redouter l'impopularité d'une disgrâce, mon père avait offert une hospitalité due au souvenir d'anciennes et précieuses relations.

J'avais alors treize ans. Il est difficile, on le voit, de faire plus tôt connaissance avec la jacquerie.

Mes convictions politiques se sont aussi retrempées à des sources plus pures : au contact inespéré de ces généreux athlètes du droit, de la justice et de l'honneur choisis par le doigt de Dieu pour gagner les causes que les masses ignorantes croient perdues.

Ici, je me rappelle — et c'est un des meilleurs souvenirs de ma jeunesse — je me rappelle, dis-je, avoir été, en 1825, présenté par mon père, alors membre de la Chambre des députés, à l'auteur du *Printemps d'un proscrit*.

Initié, par suite d'un séjour prolongé à Paris, au contact d'un milieu tout littéraire, j'avais reçu, alors, un gracieux accueil de Malitourne que, depuis le succès de son éloge de Le Sage, couronné par l'Académie en 1822, Michaud honorait d'un patronage étendu, dans de sages limites, à la jeunesse studieuse et royaliste. Quelques lignes échappées au cœur du jeune lauréat m'avaient précédé auprès de Michaud; je n'étais donc pas tout à fait un inconnu pour l'historien des Croisades.

Après quelques aperçus pleins d'actualité sur la situation de l'époque et naturellement adressés à mon père, dont la présence à cette entrevue me reléguait au second plan, Michaud, au moment où je m'inclinais pour prendre congé de lui, me dit, en me tendant la main avec effusion : « Et vous aussi, mon jeune ami, vous voulez être royaliste. Le rôle est facile aujourd'hui; il ne l'a pas toujours été; il ne le sera peut-être pas toujours. Fils d'un député de la droite, vous serez, un jour, appelé dans nos rangs par vos traditions de famille. Si jamais vous avez à défendre nos doctrines, souvenez-vous qu'il est un terrain sur lequel nous sommes inexpugnables : c'est celui du droit. Que les enseignements de l'histoire soient toujours présents à votre pensée; ils deviendront, avec le secours de l'étude, vos plus puissants auxiliaires. »

Je conserve encore, dans ma vieillesse, un souvenir ineffaçable du courageux fondateur de *la*

Quotidienne, du proscrit sauvé d'un exil perpétuel dans les déserts de Sinamary par une généreuse hospitalité offerte au pied du Jura, et les émotions nées de ses judicieux conseils revivront encore dans les pages que je vais tracer (1).

(1) Voir les pièces justificatives à la fin de la brochure.

L'ÉLAN NATIONAL

> « Les Français crient Vive le Roi! dans
> les dangers extrêmes et dans les grandes
> joies. Dans les dangers, comme pour appe-
> ler leur Prince à leur secours. »
>
> BERNARDIN DE SAINT-PIERRE.
> (*Paul et Virginie*).

Si, en 1814, lorsque l'élan national ouvrait la porte aux Bourbons, il se fût rencontré un homme qui eût dit :

« Attendez, vous n'êtes pas prêts; il faut une dernière épreuve, une salle d'attente au monument que vous allez relever, sur des bases appropriées aux idées nouvelles; un terrain neutre sur lequel toutes les nuances tracées par la révolution, après vingt-cinq ans d'interrègne, puissent se donner rendez-vous. »

Cet homme aurait passé inaperçu; les cris de vive le Roi! auraient étouffé sa voix, et l'idée victorieuse du despotisme impérial aurait poursuivi son chemin.

Qu'il me soit permis de dire, en abordant mon sujet, que je ne me suis pas placé au point de vue choisi par les éclaireurs plus ou moins habiles qui m'ont précédé dans la carrière.

Éloigné du théâtre de la lutte, traçant, dans le

silence du cabinet, des aperçus degagés de toute pensée d'examen de l'échiquier politique, c'est la France tout entière que j'ai envisagée, avec ses aspirations chrétiennes et monarchiques, sa mission civilisatrice, sa prépondérance en Europe , — prépondérance que le triomphe du droit peut seul lui rendre. — Et ici, je m'adresse à tout homme de bonne foi, et je lui dis: Le 20 novembre 1873, la France voulait-elle, oui ou non, rappeler son Roi ?

A cette question, je ne pense pas qu'on puisse faire deux réponses :

Prières publiques sans cesse renouvelées au pied des autels, dans le but hautement avoué du salut de la France ; adresses présentées par l'immense majorité des départements à l'Assemblée nationale ; hommages unanimes de respect et d'amour offerts à l'auguste couple exilé ; révélations journalières de tous les organes de la presse sur le mouvement des idées ; vœux publics formulés par d'éminentes spécialités préposées à la défense des intérêts matériels compromis : voilà bien tous les membres de la grande famille française prêts à faire remonter à la plus haute source des réparations dues à un passé désastreux, un tribut d'espoir et de légitimes doléances.

A l'approche du 20 novembre, je le répète, la pensée d'un prompt retour à la monarchie se faisait jour dans tous les esprits ; c'était le texte de tous les entretiens, le premier mot prononcé dans tous les groupes ; et si, en présence de l'éveil donné à l'opinion publique, l'espérance brillait dans les regards des royalistes, combien d'hommes d'honneur dignes de s'inscrire dans nos rangs, à titre de précieuses conquêtes, nous ont dit, en nous serrant la main : « Au fait, le retour du Roi est la seule solution possible. »

Voilà bien l'empreinte exacte de l'état des esprits, le 20 novembre. En présence du temps d'arrêt imposé par le fait de la prorogation du provisoire à l'élan de la France vers son roi, que se passait-il le lendemain ?

Les mêmes hommes, d'ailleurs doués d'heureux instincts, et que le moindre souffle favorable venu de Versailles aurait électrisés à l'instant même, se laissaient aller au parti pris d'attitude passive en politique.

Nous arrivait-il, dans des conférences pleines d'abandon, d'interroger avec anxiété ces auxiliaires inespérés de la veille, devenus nos contradicteurs du lendemain, sur ce brusque changement de front, ils se recueillaient, se consultaient du regard et laissaient tomber sur nous, comme un arrêt sans appel, cette réponse qu'ils croyaient foudroyante : « Le drapeau blanc !... »

Le drapeau... soit. L'argument, plus spécieux que solide, n'est pas neuf, car il s'est reproduit dans deux circonstances assez rapprochées de nous pour être restées empreintes dans les souvenirs de témoins oculaires dont les dépositions viennent à l'appui de documents historiques irréfutables.

Remarquez d'abord que des hommes qui n'ont jamais ouvert un livre, et qui ne peuvent appeler à leur aide aucun souvenir, puisqu'ils n'ont pas vu la Restauration, vous parlent du drapeau blanc comme si, le 12 avril 1814 et le 8 juillet 1815, il avait été imposé par décret, et arboré par suite de dépêche officielle. A ces deux dates mémorables, ce glorieux emblème de nos libertés fut déployé grâce à l'élan spontané de la nation. Les journaux et les brochures du temps vous disent, en termes formels, ce que des témoins oculaires, dont les rangs commencent à s'éclaircir, vous confirment chaque jour. D'ailleurs, croyez-le bien, il en sera de l'opposition faite au drapeau blanc comme de celle dont la monarchie a déjà triomphé sous nos yeux. Combien de fois n'en a-t-elle pas appelé, avec succès, devant le pays, des arrêts de mort portés contre elle par la révolution représentée sous diverses formes : Terreur, Directoire, Consulat et premier Empire ?

Vous n'avez pas oublié que la monarchie fut condamnée, en premier ressort, le 21 septembre 1792, par un verdict dont la Gironde, dans la première séance de la Convention, se laissa enlever l'initiative par Collot-d'Herbois ? Certainement, Vergnaud et consorts ne pouvaient déposer en meilleures mains la cause de la Révolution.

Vous n'avez pas perdu de vue que, huit jours après la mise en vigueur de la constitution de l'an VIII, lorsque les trois consuls, Bonaparte, Sieyès et Roger-Ducos, parurent aux yeux d'une foule immense, dans une voiture découverte attelée de six chevaux blancs, le cortége s'arrêta au pied de l'arc de triomphe, au-dessus duquel on lisait l'inscription suivante gravée en gros caractères :

« En France, la royauté est abolie et ne se relèvera jamais. »

Vous avez lu, comme tout le monde, l'*acte additionnel aux constitutions de l'Empire,* ce contrat social médité par Bonaparte, discuté en secret par Cambacérès et Regnault de Saint-Jean-d'Angely, et rédigé par Benjamin Constant, qui ne fit que rendre, par là, plus vivace le souvenir d'une proclamation royaliste signée de sa main, quinze jours auparavant.

Eh bien, ce manifeste daté de l'Élysée, le 22 avril 1815, fut soumis, pour la forme, à l'acceptation des électeurs mis en demeure d'aller, dans un délai de dix jours, apposer leur consentement ou leur refus sur des registres ouverts, dans ce but, au secrétariat de chaque administration ; mais toutes les précautions étaient prises par le despotisme révolutionnaire contre la liberté du suffrage, au moyen de l'article 67 de ce même acte additionnel qui, après avoir prononcé l'exil à perpétuité de toute la famille royale, interdisait au peuple français jusqu'à l'expression d'un seul vœu pour le retour du souverain légitime. En d'autres termes, le futur empereur disait aux Français :
« Votez pour moi, ou ne votez pas du tout. »

« C'est ainsi que Néron sait disputer un cœur! »
Britannicus, acte III, scène VIII.

Eh bien, qu'est-il resté, en 1815, de ces tables de proscription dressées contre la monarchie traditionnelle par des pouvoirs sortis d'une émeute ou d'un coup d'État? Qu'est-il resté, après les *Cent jours,* du fameux décret, en huit articles, rendu par Napoléon, ordonnant *sous peine de mort,* à tous les Français au service du Roi, à Gand, de rentrer en France dans le délai d'un mois? Enfin, qu'est-il resté des dispositions pénales édictées, dans le même manifeste, contre tout individu qui enlèverait le drapeau tricolore?

Rien autre chose, si ce n'est que, deux fois de suite, les Français, rendus par la chute du despotisme à leurs instincts nationaux, ont spontanément proclamé la monarchie et arboré le drapeau blanc.

Rien de plus facile à démontrer : lorsque, en 1814, l'empereur de Russie disait à M. de Talleyrand : « Je n'ai rien à vous imposer; j'accepterai la constitution qui conviendra à la France ; *qu'elle fasse connaître sa volonté.* »

La réponse ne se fit pas attendre : des manifestations très-significatives de la volonté nationale, des cris de vive le Roi ! sortis de toutes les bouches, retentirent aux oreilles du czar. Des groupes nombreux parcouraient les boulevards dans le plus grand ordre, drapeaux blancs en tête. — On sait comment l'impulsion donnée par la capitale fut suivie dans toutes les villes du royaume. Partout, l'arrivée de malles-poste surmontées de drapeaux blancs donna lieu, comme elle le ferait encore, aux frémissements électriques d'une joie délirante.

Veut-on entendre, à titre de pièces à l'appui de nos assertions, les appréciations réfléchies de deux hommes hors ligne : le premier, riche d'une érudition nourrie de savantes recherches historiques ; le second, lié par d'éminents emplois au mouvement des affaires publiques, et bien connus, l'un et l'autre, par leurs écrits et par leurs actes, pour adversaires énergiques des doctrines que nous défendons. — Les voici :

« Il semblait que la France et l'ancienne monarchie s'adressassent mutuellement ces paroles : Nous avons cherché le bonheur les uns sans les autres ; nous avons marché à travers le sang et les ruines : réconcilions-nous et soyons heureux, en nous faisant des concessions réciproques (1). »

« Le retour des Bourbons produisit, en France, un enthousiasme universel. Ils furent accueillis avec une effusion de cœur inexprimable. Les anciens républicains partagèrent sincèrement les transports de la joie commune. Napoléon les avait, en particulier, *tant opprimés*, toutes les classes de la société avaient *tellement souffert* qu'il ne se *trouvait personne qui ne fût réellement dans l'ivresse* (2). »

Après les *Cent jours*, lorsque le drapeau blanc

(1) Thiers, *Histoire du Consulat et de l'Empire*, t. XVII, p. 820.
(2) Carnot, cité par Chateaubriand dans les *Mémoires d'outre-tombe*.

flottait déjà sur tous les clochers dans la plupart des provinces de France, il trouva, il est vrai, à Paris, de la part d'une faction usée au service des idées de Fouché, une résistance vaincue par l'accord unanime et spontané de la population et de la garde nationale. — Voici les faits : le 4 juillet 1815, Fouché, insistant pour le licenciement de la maison militaire du roi et pour le maintien du drapeau tricolore, disait à Louis XVIII, dans une lettre publiée plus tard par la *Gazette de France*, numéro du 27 juillet 1815 :

« Sire, votre sagesse ne vous permet pas d'attendre les événements pour faire des concessions. Dans une telle crise, elles pourraient vous être singulièrement nuisibles. Aujourd'hui, au contraire, des concessions vous concilieraient les esprits et donneraient de l'énergie à l'autorité royale. Si elles étaient différées, elles n'annonceraient que de la faiblesse. Elles seraient arrachées au milieu des troubles et les passions resteraient allumées. »

Malgré les conseils intéressés du duc d'Otrante, la maison militaire du roi ne fut point licenciée, le drapeau blanc fut maintenu et voici, à cet égard, la déclaration faite par le député Fabre (de l'Aude) à la chambre des représentants, dans la séance du 4 juillet 1815, en réponse à son collègue Thibaudeau qui demandait des explications sur le message adressé, le même jour, par Fouché à la Chambre des pairs, message dans lequel l'auteur déclarait n'avoir pu défendre les intérêts du peuple et ceux de l'armée également compromis dans une cause abandonnée par la fortune, *la justice* et *la volonté nationale*.

« Toutes les explications désirables, répondit Fabre (de l'Aude) à Thibaudeau, ressortent des documents qui vous ont été communiqués en comité secret. Vous y avez vu que, dans une *grande partie de la France*, des mouvements ont éclaté *en faveur des Bourbons;* que, de toutes parts, on y a arboré le *drapeau blanc*. »

Deux jours après, parut au *Moniteur* la déclaration de la chambre des représentants, portant que tout gouvernement qui n'adopterait pas le drapeau tricolore, n'aurait qu'une existence *éphémère*.

A cette menace, la capitale opposa, dès le surlendemain, un argument mis en action.

Le 8 juillet, au lever du soleil, le drapeau blanc arboré, grâce à l'initiative de la garde nationale et de la population, flottait sur le pavillon de l'Horloge.

Ce fut avec des larmes dans la voix, qu'une foule immense salua d'acclamations chaleureuses la voiture royale; à droite était Monsieur, comte d'Artois, à cheval, en uniforme de colonel-général de la garde nationale; à gauche, Monseigneur duc de Berri.

Ému jusqu'au larmes à l'aspect de l'ivresse universelle, Monsieur, comte d'Artois, s'inclinant avec l'effusion inimitable de sa grâce toute chevaleresque, adressa ces mots à la foule : « Mes amis, vous serez contents de nous !..... »

Encore une fois, qu'on trouve donc dans cet exposé de vues rétrospectives, où l'histoire est suivie pas à pas, un seul exemple de surprise imposée à la volonté nationale par le fait de l'apparition du drapeau blanc ?

Un éminent publiciste a dit : « Le passé est la lumière en politique. »

Eh bien, consultons-le ce passé, qui, depuis l'avénement des chefs de Sicambres, nous montre les Français inscrits, dans les annales du monde, au premier rang des grandes races militaires, et, la carte à la main, constatons l'éclat de nos armes par le nombre des provinces réunies à la couronne depuis le partage des fils de Clovis jusqu'à la conquête d'Alger. Dans cette glorieuse énumération, nous devons comprendre, comme hommage rendu à la vérité historique, nos possessions aux Antilles, dont le retour au profit de la France, ce premier bienfait de la Restauration, releva notre commerce maritime si longtemps anéanti par le blocus continental.

Ainsi, le gouvernement royal, fort d'une suprématie incontestée, laissa pour gages de brillants faits d'armes accomplis sous l'abri tutélaire du drapeau blanc, la monarchie espagnole sauvée de la domination des cortès, la Grèce affranchie du joug de la barbarie ottomane, la Méditerranée métamorphosée en lac français, et notre pavillon assuré, pour toujours, contre les incursions de la piraterie africaine.

Rappeler au souvenir de l'armée un emblème aussi expressif de sa gloire et de nos libertés, c'est dérouler, devant cet aréopage si compétent en matière d'honneur, les trophées dont il est resté légataire.

LE PRINCIPE DE L'HÉRÉDITÉ
MONARCHIQUE

> « Reges ex nobilitate, duces ex virtute sumunt. »
>
> TACITE.

Sous la pression des faits accomplis depuis 1830, les détracteurs du principe de l'hérédité monarchique semblent encore disposés, comme par le passé, à exploiter au profit de la révolution le fait de l'avénement de Hugues-Capet. Ils nous disent :

« La troisième race de vos rois descend d'une souche usurpatrice. »

L'argument mérite d'être combattu. Nous allons, l'histoire à la main, le réduire à sa juste valeur : mais avant d'ouvrir le débat, nous répondons à nos contradicteurs : Vous qui n'avez jamais demandé de garanties aux rois d'aventure, et qui parlez de Hugues-Capet comme d'un soldat parvenu ; vous qui d'une main couvrez d'un nuage

2

l'ascendance de ce prince au delà de Robert le Fort, et qui, de l'autre, présentez un placet à Henri V pour lui demander son abdication, soyez d'accord avec vous-mêmes ; nous ne vous demandons rien de plus.

Je déclare, avant de toucher à la question, que je ne ferai point appel aux publications de la presse périodique, dans lesquelles la décision des États a été jugée sans appel et condamnée sans preuves ; car je pense que ces feuilles se sont réduites à une polémique de reflet, en accueillant dans leurs colonnes des versions qu'une complaisance qui ressemblait beaucoup à la flatterie a fait circuler, depuis 1830 jusqu'à la chute du second empire, dans les régions officielles.

De tous les dangers que l'usurpation puisse entraîner à sa suite, un des plus graves, peut-être, est celui des compétitions.

Inaperçu à sa naissance, longtemps nié dans les hautes sphères gouvernementales, même par les champions avoués de deux cours rivales qui, dans le principe, n'en faisaient qu'une, il ne tarde pas à les partager en deux camps disposés à s'observer désormais avec tous les artifices en usage sur un terrain semé de chausses-trapes, en faisant contracter au gros de la nation l'habitude de ces débats irritants, à la suite desquels la foule ignorante, conduite par des fils si déliés qu'ils échappent à sa vue, prend pour derniers arguments ce qu'il y a de mieux trempé, selon l'époque, dans les arsenaux révolutionnaires, la Ligue, la Fronde, les barricades, pour précipiter un vaste empire dans le chaos, ou pour livrer passage, par surprise, à un habile prétendant.

A cette période de licence, la partie la plus inexpérimentée d'une nation, celle qui juge le gouvernement par le prix du pain, n'est pas assez avancée en politique pour se montrer bien difficile sur le choix du chef qu'elle se donne. C'est en vain que les intelligences d'élite lui représentent que le souverain d'un grand peuple doit tenir au passé par ses aïeux ; la multitude, qui ignore que les révolutions ne s'arrêtent jamais entre les mains de leurs auteurs, veut toujours faire d'un pavois *tout neuf* la récompense du mérite personnel de son candidat, sans se douter le moins du monde qu'elle laisse par là une porte ouverte à une foule de compétitions rivales, d'abord parce que le roi de son choix n'est pas toujours le seul dépositaire de toute l'habileté que le ciel a créée pour l'usage des gens, et ensuite parce que le don de représenter un droit n'est pas un privilége en rapport avec la valeur personnelle d'un homme, quel qu'il puisse être, mais bien l'œuvre d'un principe qui vient se personnifier en lui.

Ces vérités éternelles, proclamées par nos pères à chaque assemblée des États généraux, ont constitué, avec le temps, le principe de l'hérédité monarchique, droit ébranlé dans le passé par les secousses de la Ligue, de la Fronde, des barricades, je viens de le reconnaître à l'instant, mais qui, loin de succomber sous l'étreinte brutale du fait accompli, refleurit, à un moment donné, sur des ruines, jusqu'au jour où un grand peuple cherche un appui sous son égide, en prenant pour garantie de son avenir la profondeur des racines qu'il a jetées dans le passé.

Par un concours de circonstances dont le détail me ferait sortir du cadre qui m'est ouvert, j'ai eu avec quelques grands dignitaires (1) du gouvernement de Juillet des rapports assez suivis pour que cette question se soit élevée entre eux et moi, comme une barrière, toutes les fois qu'ils voulaient bien descendre au soin de chercher à lever des *scrupules d'éducation* qui, à leurs yeux, offraient le grave inconvénient de devenir fort nuisibles à l'effet d'un puissant patronage aussi gracieusement offert que respectueusement refusé. On comprend que dans plus d'une entrevue, à laquelle le nom et le rang de mes interlocuteurs donnait le caractère d'une audience, je n'aurais pu, sans monter sur des échasses, traiter la question au point de vue choisi par Flodoard ou Frédégaire ; qu'il me soit permis de prendre ma revanche, la plume à la main ; si je parviens à faire ressortir de haute lignée de Hugues-Capet, la foi constante

---

(1) M. le baron Girod (de l'Ain), frère du vice-président du Conseil d'État ; M. Vatout, directeur général des beaux-arts et secrétaire des commandements de Louis-Philippe ; M. le duc de Montebello, ambassadeur à Naples en 1846.

de nos pères en un principe source de notre gloire passée et garantie de notre repos futur, j'aurai fait justice de toute politique à double fond : c'est plus que je n'ose espérer.

Tout le monde sait que Hugues-Capet, appelé en 987 au trône de France, après Louis V, mort sans enfants, et dont l'unique héritier était Charles de Lorraine, son oncle, dont la naissance était contestée et qui, d'ailleurs, s'était fait vassal de l'empereur d'Allemagne, n'eut pour compétiteur que ce dernier prince. Je ne m'arrêterai pas à l'examen de la législation sous l'empire de laquelle Hugues-Capet fut proclamé roi, et je préciserai la question sous la formule suivante :

Quelle était, en ligne paternelle (seul point important, aux termes de la loi salique), l'ascendance de Hugues-Capet, et quelles garanties offrait-elle aux États du royaume pour légitimer la reconnaissance de ses droits à la couronne?

D'abord, posons les faits : dès qu'il y a eu un blâme sévère infligé à Charles de Lorraine, il y a eu examen minutieux des titres de son concurrent.

Or, l'acte reproché à Charles de Lorraine ne peut donner lieu au moindre doute : nous le trouvons clairement établi dans la chronique de Sigebert, moine de l'abbaye de Gembloux, chronique qui embrasse une période de 700 ans, et dans laquelle il est dit : que l'empereur d'Allemagne ayant cédé à Charles le duché de basse Lorraine, celui-ci lui ayant rendu hommage-lige, cette conduite indigna les seigneurs français.

Charles de Lorraine une fois écarté, les éminentes qualités de Hugues-Capet durent attirer tous les regards. Mais ces avantages personnels, malgré leur importance, ne parurent cependant pas décisifs aux membres de l'assemblée des États, qui tenaient à puiser les garanties de l'avenir du pays dans le fait de la haute lignée du prince dont leurs suffrages proclameraient le droit au trône. Nous allons le voir tout à l'heure ; mais remarquons, avant tout, que les opinions favorables à la thèse de l'usurpation de Hugues-Capet se fortifient toutes de l'ignorance qu'on a laissée planer, comme à dessein, sur l'ascendance de ce prince, au-dessus de Robert le Fort.

Le témoignage des historiens qui fait remonter jusqu'à Childebrand la généalogie de Hugues-Capet est un grand pas fait vers la vérité historique, puisque cette haute origine consultée depuis Childebrand, frère de Charles-Martel et oncle de Pépin le Bref, montre que la décision des États n'a point eu pour cause unique le mérite reconnu de Hugues-Capet. Mais ce n'était point assez pour la sagesse de nos pères ; édifions-nous donc sur la généalogie de Childebrand.

Le premier qui la précise, dans l'ordre des temps, est Frédégaire le scolastique, qui, dans sa chronique corrigée par Duchesne, établit en termes formels que, par Ansbert, par saint Arnould, par

Clodulphe, duc de Mosellane, par Angise, duc, par Pépin le Gros, maire du palais, père de Charles-Martel et de Childebrand, ce dernier prince avait droit, par sa naissance, au premier rang après le roi.

M'opposera-t-on que Frédégaire, qui écrivait au commencement du viiie siècle, aurait pu, par déférence pour un aussi haut et puissant seigneur que Childebrand, le greffer sur une vieille tige ? Mais pour soutenir cette thèse abandonnée par la bonne foi, on ne peut pas se contenter d'un indice, d'un soupçon... Non, il faut une preuve. Eh bien, cette preuve n'existe nulle part, car Adrien de Valois, le seul historien connu qui ait cherché à semer le doute sur la chronique de Frédégaire, est successivement démenti par les témoignages unanimes de nos plus savants généalogistes : Duchesne, Sainte-Marthe, Dominici, les pères Pierre, Sainte-Catherine, Mezerai, Aimoin, Dubouchet, qui tous viennent le réfuter et confirmer, en termes décisifs, la chronique de Frédégaire.

Descendons maintenant l'arbre généalogique depuis Childebrand jusqu'à Hugues Capet.

Ouvrant le recueil des savantes recherches de Dominici, qui a pour but la réfutation de Faber et de Chifflet, nous trouvons la généalogie de Louis V établie en ligne directe depuis saint Arnould, avec la ligne collatérale mise en regard et de laquelle est sorti Hugues Capet.

Saint Arnould, duc, et plus tard évêque de Metz ;
Angise, duc ;
Pépin le Gros, maire du palais.

Ligne directe.	*Ligne collatérale.*
Charles-Martel ;	Childebrand ;
Pépin le Bref ;	Nebelong, comte ;
Charlemagne ;	Théodebert, comte de Matrie,
Louis le Débonnaire ;	Robert Ier, comte ;
Charles le Chauve ;	Robert le Fort ;
Louis le Bègue ;	Hugues le Grand, duc ;
Charles le Simple ;	Hugues Capet.
Louis d'Outremer ;	
Lothaire ;	
Louis V.	

Je m'empresse de signaler ici une lacune importante due à l'absence de deux figures historiques dont je ne puis m'expliquer l'oubli de la part d'un généalogiste aussi scrupuleux que Dominici ; je veux parler de Théodoric le Saxon et de Martin le Rangier ou le Viloce, comte royal, maire du palais d'Austrasie, second fils de Clodulphe et petit-fils de saint Arnould.

C'est une tradition reçue, mais peu connue, que l'origine de ces trois princes remonte fort au-dessus de celle qui leur est assignée par l'opinion commune.

Il résulte d'un document sauvé du pillage de l'abbaye de Saint-Germain-des-Prés, par dom Louis de Villevieille, supérieur de ce couvent pendant les invasions des Normands, que Théodoric le Saxon, comte de Matrie, fonda en 799, à Saint-Germain *les Paris*, un *obiit* pour obtenir le salut éternel de son père, Childebrand, et de Clodulphe,

son bisaïeul, en les recommandant à la sainte protection du bienheureux duc Arnould, leur ancêtre ;
et la généalogie de ces trois princes, établie dans le
même titre, remonte à Auberon, duc d'Alsace, troisième fils de Clodion le Chevelu.

Clodion eut, en effet, sans parler de Mérovée
qui lui succéda, deux autres fils : Clodomir, prince
de Tongrie, et Auberon, duc d'Alsace. C'est de ce
dernier prince que descendent les Capétiens par :

> Saint Arnould ;
> Clodulphe ;
> Martin le Rangier ;
> Nébelong, comte ;
> Théodoric ;
> Robert Ier ;
> Robert le Fort ;
> Hugues le Grand
> et Hugues-Capet.

Childebrand fut le chef de cette branche. Si nous
nous rappelons que Pépin le Bref lui confia quel-
quefois le commandement des armées, nous nous
expliquerons très-bien l'importance d'un titre ac-
quis par un mérite éprouvé joint à l'éclat d'une
haute naissance.

D'ailleurs, la création de ces titres de comte et
de duc, attribuée à l'empereur Adrien, se conserva
chez les Francs dans leurs nouvelles conquêtes,
séparées en duchés et en comtés, en suivant à peu
près la distinction que les Romains en avaient faite.
Les ducs, *duces*, conduisaient les armées, et les
comtes, *comites*, accompagnaient le roi.

Selon Mezeray, la dignité de duc était féodale et

héréditaire avant le règne de Hugues Capet, et Flodoard nous fait remarquer, dans sa chronique de 917 à 966, que Hugues Capet qui, en ligne féminine, descendait de Clovis, était duc de France, comme son père, et tenait le premier rang après le roi. En réponse au doute semé par la controverse sur la généalogie établie dans sa réfutation de Faber et de Chifflet, Dominici, à la suite d'une dissertation lumineuse à l'appui de ses recherches, ajoute textuellement :

« Quo sensu, dum nonnulli ex auctoribus familiam Caroli Magni in Lothario et Ludovico quinto extinctam tradunt, insinuant satis nullos ex ejus nepotibus et ab ejus sanguine procreatos extitisse posteros ; sed non alias quoque a beato Arnulfo decurrentes lineas tunc defecisse. »

« Ainsi, lorsque quelques historiens présentent comme éteinte, après Lothaire et Louis V, la race de Charlemagne, ils donnent bien à entendre qu'il n'existait alors aucun descendant direct de ce prince, ce qui ne veut pas dire que d'autres branches issues de saint Arnould se soient éteintes à la même époque. »

En présence de ces documents irréfutables, la thèse de ceux qui ont essayé de présenter Hugues-Capet comme un soldat parvenu, ne supporte pas l'examen.

LA MONARCHIE ÉLECTIVE

« Every absurdity has now a champion
to defend it. »

GOLDSMITH.

Des hommes dont l'amitié m'honore, mais qui subissent la fascination des diverses influences qui, de nos jours, troublent quelques bons esprits, me lisent et me répondent : « Oui, nous le reconnaissons avec vous, la monarchie traditionnelle, ne fût-ce que par la force de son principe, peut seule aujourd'hui donner à un grand peuple de longues perspectives d'avenir, des alliances au dehors, et des garanties de stabilité au dedans. Mais tout s'use, nous dit-on, et des idées en crédit dans la presse contemporaine et en circulation dans les sphères officielles nous révèlent l'apparition du *droit nouveau*. On nous dit que le droit ancien a fait son temps. »

Eh bien, lorsque le droit nouveau aura fait le sien, lorsque, par exemple, il aura duré quatorze siècles, nos arrière-neveux pourront établir entre ces deux formes de gouvernement un parallèle impossible aujourd'hui. En attendant cette expérience, notez, s'il vous plaît, que le *droit nouveau*, qui n'est autre chose que l'usurpation, c'est-à-dire le triomphe de la force brutale déguisé, le lendemain, sous l'affiche d'un scrutin ouvert en face de la bouche du canon, n'a jamais eu et n'aura jamais pour lui la consécration du temps. L'histoire des révolutions anciennes et modernes, celle de l'empire ottoman, celle des régences barbaresques, en offrent la preuve à chaque page.

Partout, dans l'antiquité comme de nos jours, les pouvoirs préparés par la ruse et assurés par la force, les royautés électives créées par le nombre sans notions élémentaires de droit public ont sombré dans un naufrage universel et prévu, même après avoir pris pour enseigne un simulacre de scrutin ouvert, sous la surveillance d'un garde champêtre, à des coqs de village. Ces essais condamnés par l'expérience ont échoué en laissant, après chaque épreuve, une porte ouverte à un péril social.

En Grèce, par exemple, lorsque, après la mort de Pisistrate, Hipparque eut succombé sous le fer vengeur d'Harmodius et d'Aristogiton, Hippias, échappé aux meurtriers de son frère, ne parvint jamais, même par la terreur qui succéda à ses tables de proscription, à rendre héréditaire le pouvoir usurpé par son père au moyen d'un subterfuge ; ce fut en vain qu'il se fit le Sylla d'Athènes.

Les annales de Constantinople, comme celles d'Alger, de Maroc, de Tunis, etc., fourmillent d'exemples du danger incessant de compétitions rivales qui, après une épreuve douteuse de suffrage, aboutissent à une série de pachas et de visirs étranglés, et à la suite desquels les insignes d'un pouvoir absolu en apparence, et en fait soumis à la menace perpétuelle du cordon, restent, non pas au plus habile, encore moins au plus digne, mais presque toujours au plus méchant.

Transportez-vous, par la pensée, à l'une de ces diètes tumultueuses qui précédaient autrefois, en Pologne, l'élection d'un roi. Bien que les prétendants à la couronne ne pussent pénétrer dans le champ électoral nommé Colo, lorsque le groupe le plus influent de palatins s'était prononcé en faveur du candidât le plus sérieux, elle forçait ses adversaires à consentir à l'élection. Mais la majorité ne se formait jamais sans que l'intimidation présidât aux moyens de la constituer. Voilà le premier de tous les dangers de la monarchie élective. On peut s'en assurer en France, comme ailleurs, à chaque lutte électorale, dans les centres importants de populations, comme dans les hameaux de dix feux.

Les pouvoirs inaugurés par la force pure n'ont pas de meilleurs éléments de durée.

Renversés par la force brutale, Louis XVI et Charles Ier comparurent devant des tribunaux révolutionnaires. En Angleterre, le fils de Cromwell n'a pu garder le protectorat que l'habileté bien connue de son père aurait, cependant, suffi à lui assurer. Personne ne poussa plus loin que Cromwell l'art de revêtir le despotisme d'un vernis de gouvernement représentatif. C'est sous ces traits que les annales de la révolution d'Angleterre nous le présentent, et, voici en quels termes lord Chesterfield résume les appréciations des historiens anglais au sujet du dangereux ennemi de Charles Ier :

« Cromwell being willing to give a greater appearance of justice to his usurpation, was resolved to govern by parliament; yet by such a parliament alone as he could govern. He assembled them and dissolved them at pleasure. The house of lords was entirely discontinued ; but he set up a new chamber of parliament composed of his own creatures, to oppose the elected by the voices of the people. »

« Cromwell voulant donner une plus grande apparence de justice à son usurpation, se décida à conserver la forme du gouvernement représentatif, mais, au moyen du seul parlement qui pût lui assurer le libre exercice du pouvoir souverain. Il réunit et fit dissoudre l'assemblée, selon son caprice. La chambre des lords fut entièrement dissoute, et Cromwell lui substitua une nouvelle assemblée composée de ses créatures, afin de neutraliser l'influence des élus du peuple. »

En France, les pouvoirs qui, sous diverses formes, ont succédé à la Convention, ont croulé comme elle. Après des épreuves douloureuses, ces deux grandes puissances, la France et l'Angleterre, se sont réfugiées sous l'abri du principe de l'hérédité monarchique. Louis XVIII et Charles II ont régné.

Les essais que la France a faits de la monarchie

élective ne parlent pas en faveur de cette forme de gouvernement.

Personne n'a pu dire avec vérité que les ordonnances du 25 juillet avaient déterminé l'explosion du mouvement révolutionnaire préparé par quatre-vingt-six comités directeurs qui, certes, ne s'étaient pas constitués en sociétés secrètes. Les projets de refus de l'impôt soutenus par des hommes qui n'en payaient pas, les essais d'embauchage des troupes, les instructions répétées par d'invisibles agents sur *l'intelligence de la baïonnette* ont précédé de six mois, dans toutes les garnisons, la date des ordonnances.

Dans les expériences dues au premier et au second empire, la conscience des électeurs était-elle à l'abri de toute pression? Ils n'avaient, ni comme en Pologne, ni même comme en Turquie, l'embarras du choix entre deux candidats.

Le 18 brumaire et le 2 décembre sont là pour répondre.

En diriez-vous autant de la monarchie hérédidaire? Lui opposeriez-vous, par exemple, que l'assentiment de la nation lui a manqué?

Pour toute réponse, approchez, défenseurs du principe électif que vous avez vainement cherché, jusqu'ici, à rendre héréditaire : Voici la collection des cahiers des États généraux depuis 1302, sous le règne de Philippe le Bel, jusqu'à la convocation de l'Assemblée de 1789. Qu'y trouvez-vous? la proclamation des principes suivants, reconnus par acclamation et à l'unanimité des voix :

1° La personne du roi est inviolable et sacrée;

2° Le trône est indivisible ;

3° La couronne est héréditaire, de mâle en mâle.

Le voilà l'assentiment de la nation, répété d'âge en âge.

Renierez-vous les signatures de vos pères? Évidemment non; et personne n'en doute. Et cependant vous barrez le passage au roi; vous osez lui dire : Fermez le livre d'or; soyez le continuateur de la révolution, donnez-lui des garanties. adoptez-en les couleurs, et vous régnerez, sinon comme représentant d'un droit primordial, du moins comme royal signataire de concessions imposées sur le tapis vert des diplomates du juste milieu.

En vérité, on n'est pas plus minutieux avec son souverain.

Mais, en revanche, qu'un carbonaro échappé d'une société secrète s'élance, comme un reptile, au sommet désert d'un pouvoir usurpé; que, las du brouet spartiate, il veuille dîner au grand couvert; qu'il foule aux pieds les grands corps de l'État; qu'il gouverne par décret; qu'importe?...Si, au petit lever, il garde avec les entrées familières la mesure précise d'une affabilité insinuante et d'une réserve officielle; si, aux grands jours, il laisse échapper au conseil des ministres, ou aux réceptions du soir, des demi-mots de droit, d'honneur et de morale; s'il échange à propos contre la carmagnole le manteau de velours blanc par-

semé d'abeilles d'or, oh! alors, la scène change :
vous ne lui demandez pas de garanties; vous acceptez, sans conditions, son passé, son programme
et ses couleurs; de fougueux tribuns que vous
étiez la veille, vous devenez, le lendemain, souples
courtisans. Vous sollicitez la distinction d'un regard, la faveur d'une audience, et, fléchissant le
genou devant le parvenu dont vous auriez, s'il
eût échoué, inscrit le nom sur une coquille d'ostra-
cisme, ou sur un registre d'écrou, vous sortez, le
doigt mouillé d'eau bénite de cour, d'une entrevue dans laquelle votre interlocuteur, sans se lier
le moins du monde à la cause nationale, vous a
solidement enchaîné à la sienne.

Une ovation d'antichambre vous attend; des regards avides d'émotions vous interrogent; d'un
coup d'œil dominateur vous imposez silence à la
galerie et vous répondez : Les affaires du chef de
l'État se font toutes seules. Qu'importe qu'il soit
appuyé par la force, s'il est absous par la fortune.
Voilà ce qu'il faut, à tout prix, faire accepter aux
masses, si nous voulons mettre d'accord le scrutin
et le coup d'État. Avant tout, fermons l'accès de
tous les corps électifs aux royalistes intransigeants.
C'est l'affaire de nos courtiers électoraux, qui, armés de calomnies toutes fraîches, sauront bien
signaler les suspects aux passions populaires. —
Prenez-y garde, vous répondront quelques hommes
de bonne foi bien renseignés sur l'état des esprits;
dans les villes, dans les campagnes, les royalistes

ont habitué, par droit de loyauté, leur entourage à compter avec eux. Dans la pensée générale, leur parole vaut un acte public, leur promesse un lien sacré, et tel gros bonnet de conseil municipal auquel des meneurs cachés derrière le rideau ont soufflé l'aveu d'une répulsion secrète pour la religion et pour la royauté, n'éprouvera pas un échec d'amour-propre, un passe-droit administratif, une anticipation de terrain, une peine de cœur, sans invoquer l'appui ou, du moins, le témoignage d'un chrétien et d'un royaliste.

Ces austères gardiens du respect pour la foi jurée ont fait leurs preuves en matière de courage civil. Restés sur la brèche, dans toutes les phases politiques déjà parcourues, et déterminés à garder leur rang de combat dans celles que l'avenir leur réserve encore, ce sont des athlètes prêts pour la lutte; prêts à repousser, à visage découvert, les attaques de la révolution sous toutes les formes et sous tous les travestissements; prêts à soutenir qu'en dépit des combinaisons épuisées autour des urnes d'un plébiscite, comme en face des obusiers d'un coup d'État, la couronne de France descendra un jour, sous la coupole de Reims, sur un front prédestiné. C'est ce programme à la main, qu'ils répètent encore à des hommes flottants : Vous serez nos plus loyaux alliés, lorsque vous comprendrez qu'en face de dangers inévitables, le terrain est miné sous vos pas, comme sous les nôtres.

Vous vous armez contre nous du fait de la majorité acquise à nos adversaires, dans les luttes électorales.

C'est oublier que sous l'empire, par exemple, nos concurrents plus ou moins officiels entrèrent armés de pied en cap dans un champ clos où nous n'avions pas même la liberté de nos mouvements; c'est oublier que le succès de telle ou telle candidature, mis à prix d'or ou soutenu par un crédit illimité en cour, suffisait pour interdire l'accès de l'urne à des noms très-bien portés dans chaque province, à des candidats privés du secours de la circulaire évasive; à des hommes qui, en livrant à la publicité une profession de foi, miroir fidèle de leur attitude passée, n'avaient pas à redouter que la censure populaire vînt apposer une seule rature sur la page.

Qu'importent, après tout, à la dignité de caractère des royalistes quelques échecs partiels dus à des causes déjà signalées? Qu'importe, si, dans les corps électifs dont le scrutin leur a ouvert l'accès, ils ont noblement refusé tout mandat impératif; s'ils se sont inscrits au premier rang des hommes les plus nationaux du pays; s'ils ont compensé la force numérique par la valeur morale; s'ils ont pris et conservé l'initiative de tous les plans économiques de nature à donner une satisfaction prompte et complète aux intérêts matériels restés sans défenseurs; en un mot, s'ils ont pris pour devise cet axiome d'une politique chrétienne?

Améliorer la condition morale et matérielle de l'homme.

Après les premiers pas faits dans cette voie, un nouvel ordre de devoirs se déroule devant nous :

Calomnies à réfuter ; préjugés encore vivaces qui survivent à des explications mille fois répétées ; insinuations perfides, qu'avec le secours d'une presse royaliste il faut combattre jusqu'à épuisement de forces, et enfin, mise en lumière de vérités fondamentales qui sortiront chaque jour plus claires du choc de la discussion.

Pour y parvenir, nous franchirons successivement tous les degrés de l'échelle sociale.

A ceux qui voient ou feignent de voir dans le rétablissement de la monarchie traditionnelle le retour du suffrage censitaire, nous répondrons par la promesse du suffrage universel descendue de source auguste. Aux alarmes vraies ou simulées des détenteurs de biens nationaux, nous opposerons l'article 9 de la Charte, conçu en ces termes :

« Toutes les propriétés sont inviolables, même celles qu'on appelle nationales, la loi ne mettant aucune différence entre elles. »

A certains courtiers électoraux, aussi intarissables sur le compte des royalistes éprouvés que discrets sur l'interprétation réelle de la pensée intime des candidats officiels, nous prouverons, lorsqu'il le faudra, le refus authentique d'emplois salariés sous des régimes sortis de la force pure.

Aux propagateurs intéressés de nouvelles sinistres et inattendues, dont aucun organe de la presse n'oserait se faire l'éditeur responsable, et dont la source remonte toujours à des auteurs *oubliés ou inconnus*, nous répondrons par l'exposé indiscutable] d'actes politiques accomplis au grand jour.

A ces prophètes menteurs qui, en retour d'une hospitalité offerte dans une chaumière à un voyageur égaré, sèment dans l'esprit crédule de leurs hôtes des craintes chimériques sur un prétendu retour des dîmes et des droits féodaux, nous relirons une fois de plus l'article 8 de la loi du 9 novembre 1815, qui dit textuellement :

« Seraient coupables d'actes séditieux toutes personnes qui répandraient ou accréditeraient, soit des alarmes touchant l'inviolabilité des propriétés dites nationales, soit des bruits d'un prétendu retour des dîmes et des droits féodaux. »

Si, contre toute espérance, nous venions à succomber dans cette lutte suprême, il nous resterait, aux yeux du Roi et de la France tout entière, la pensée consolante du devoir accompli.

Mais bannissons cette crainte : Dieu nous conduit à travers des épreuves vers un but que nous atteindrons, si nous secondons activement le travail de la Providence, si nous entrons résolûment dans la voie légale qui nous est ouverte par l'article 8 de la Constitution pour assurer le triomphe de notre cause.

C'est alors que, par un de ces retours de la fortune qui n'ont d'autre explication que le doigt de Dieu, nous saluerons l'auguste représentant du droit couronné, de ce cri d'amour, de joie et d'espérance que, depuis un demi-siècle, la révolution retient sur nos lèvres à l'état de perpétuelle réticence. Mais, si Dieu, dans sa sagesse infinie, diffère encore la victoire pour la rendre plus éclatante, c'est que, jusqu'ici, nous n'avons pas assez fait pour remporter le prix montré, de loin, à nos espérances.

A nous donc tous les cœurs généreux, tous les esprits droits qui veulent le triomphe de la religion sur l'athéisme, et celui de la civilisation sur la barbarie. Plus de tiédeur, plus de défaillance, plus de passe-port délivré à cette excuse banale : « *Ce n'est pas le moment.* » Plus de suffrages accordés sans réciprocité de concours, au pied de l'urne électorale, à tout candidat porteur d'une profession de foi équivoque ; avec lui, comme avec tout le monde, nous serons sans arrière-pensée, et s'il frappe à notre porte, s'il demande une place dans nos rangs, bien que son passé ne réponde pas tout à fait à ses aspirations de la dernière heure, nous lui dirons : Vous voulez la religion, la famille, le respect de la propriété, les libertés publiques : venez à nous ; car ces éléments décisifs de la fixité de l'ordre social reposent sur le principe que nous avons toujours défendu. Vous nous demandez pourquoi, en vue de ce principe immuable, nous avons refusé de servir des révolutions successives, dont

la première a ouvert la porte à toutes les autres ?
Et si nous l'avions fait, qu'auriez-vous dit?

Serions-nous bien venus à vous faire l'offre d'un
traité d'alliance si notre parole n'avait que le poids
de la fausse monnaie, si nous placions en face de
vous des hommes réduits à renier leur passé et à
imposer silence à leur probité politique?

Si vous revenez franchement à nos principes,
vous demandez un souverain qui les représente.
Eh bien, voici le petit-fils de saint Louis, voici le
Roi ; oserez-vous le renier ? Et le renier, ce serait
lui présenter des emblèmes dont ses traditions de
race et de nationalité, dont ses déclarations, ses
actes et sa politique à ciel ouvert sont la plus élo-
quente négation. En présence d'éventualités redoutables, l'heure de la réconciliation dans la grande
famille française a sonné ! Quel que soit votre rang,
votre grade, votre signe distinctif dans la grande
armée de l'ordre ; que vous y soyez tête de colonne,
chef de file ou simple volontaire ; souvenez-vous de
la Ligue, de la Fronde, des chefs de ces deux fac-
tions; souvenez-vous de Mayenne, à qui Henri IV
serrait si noblement la main dans le parc de Mon-
ceaux ; souvenez-vous du duc de Beaufort, à qui
Louis XIV conférait, avec un abandon plein d'affabilité, l'ordre du Saint-Esprit... Faites votre sou-
mission à Henri V... Allez, pour un seul jour, sur
la terre d'exil où l'enchaîne son grand cœur de Roi,
en présence d'offres incompatibles avec la dignité
de la couronne.

Approchez, le Roi sait que vous êtes pur de tout alliage révolutionnaire... il sait que le sang versé de tige royale, ou même de source fidèle à la cause du droit, de la justice et de l'honneur, ne peut retomber ni sur vous, ni sur vos descendants; il sait que vous pouvez toucher aux fleurs de lis, sans crainte d'évoquer fatalement le souvenir accusateur de cette fiction effrayante du myrte de Polydore...

Encore une fois, approchez : venez lire, dans un regard du prince, un oubli généreux; sa main royale descend jusque dans la vôtre; un mot tombé de ses lèvres augustes vous délie de toute participation prise à la recherche de termes moyens désormais impossibles ; et il vous absout avec cette devise toute française échappée au cœur de son auguste père :

« C'est l'effet d'une vieille habitude. »

Que votre exemple soit imité, les barrières tomberont, les nuages seront éclaircis, les préjugés seront déracinés, les consciences seront tranquilles, le parti de l'ordre se donnera la main, et la révolution sera finie.

PIÈCES JUSTIFICATIVES

Une profession de foi présentée au lecteur serait vaine si elle n'était justifiée par une série d'actes politiques de nature à prouver la valeur des services et la constance du dévouement.

On se rappelle les chaleureuses protestations qui, dès le 7 novembre 1832, s'élevèrent de tous les points de la France contre l'arrestation de S. A. R. Madame, duchesse de Berri. Mon père en rédigea une que je présentai à l'adhésion de quelques rares courtisans du malheur. Les porte-voix ne manquèrent pas aux propagateurs du bruit fait en présence de mon premier acte politique.

De sourdes rumeurs semées par la malveillance et recueillies par l'oisiveté prirent assez de consistance, dans mon voisinage, pour persuader à une tourbe ignorante que mon père avait été assez heureux pour faire agréer à l'auguste mère du Roi une hospitalité, dont, à moins de danger imminent pour la sûreté de S. A. R., l'intérieur modeste de notre asile n'aurait pu justifier l'offre, d'ailleurs empreinte du plus respectueux dévouement. Signalés à l'attention de la police, nous ne tardâmes pas à nous trouver en délicatesse avec la gendarmerie.

Un brigadier d'une tenue irréprochable et d'une politesse exquise vint un jour savoir de nos nouvelles. Il était parti de son poste *sans but*, le *hasard seul* l'avait conduit à notre porte, et il était trop pénétré du sentiment de ses devoirs pour manquer une aussi belle occasion de présenter ses *respects* à mon père. Quant à moi, il me gratifia de *ses civilités*. Ma modestie n'eut point à s'alarmer d'un partage de prévenances aussi délicatement nuancées.

Dans un entretien prolongé au delà des bornes posées par

l'instinct des convenances les plus élémentaires, notre interlocuteur ne nous laissa rien ignorer des dispositions de l'esprit public à notre égard. « La présence de Madame la
duchesse du Berri en Saintonge, continua-t-il, ne saurait
être, aujourd'hui, l'objet d'un doute pour personne. On a
même de fortes présomptions sur un rapide passage de Son
Altesse Royale en Angoumois.

« Pour moi, Messieurs, qui comprends, comme tout le
monde, vos convictions, vos regrets que je respecte, je ne
saurais admettre qu'ils vous fissent aller, comme on l'assure,
jusqu'à l'oubli des devoirs imposés à tous les Français
par l'avénement du pouvoir nouveau qui garantit tous les
droits... — Oui, excepté le droit héréditaire, ajouta mon père,
en achevant, avec un sourire ironique la phrase commencée. »

· Enfin le brigadier se leva pour prendre congé de nous, et
on sut depuis que cet honnête suppôt de Gisquet avait avoué
dans un procès-verbal rédigé par suite de cette tentative de
visite domiciliaire, n'avoir rien constaté dans notre attitude
qui vînt justifier les soupçons de l'autorité.

L'autorité avait donc conçu des soupçons ; et sur quel
indice ? Il était de notoriété publique que S. A. R. n'avait pas
mis le pied en Angoumois.

Ainsi, j'éprouvais, comme mon père, à quelques années
d'intervalle, le double effet de l'anarchie et de la défiance du
pouvoir : en 1815, nous avions dû la vie à la protection d'un
préfet, et en 1832, la liberté au bon sens d'un gendarme.

Je mûrissais, dès cette époque, l'idée échangée avec
quelques-uns des hommes les mieux posés dans nos rangs
d'un projet de presse royaliste dans le département de la
Charente. J'eus le bonheur de le faire prévaloir ; un groupe
influent en fut saisi, et, le 17 juin 1849, je reçus de M. le
baron de Laporte, président de cette commission, la lettre
suivante :

« Monsieur,

« Veuillez nous dire si vous acceptez la mission de membre
de la Commission créée pour la fondation d'un journal légitimiste dans la Charente, mission qui vous a été confiée le 14

du courant. Nous avons besoin de votre coopération et nous vous la demandons.

« Une réunion aura lieu, mardi 19 de ce mois, à 8 heures du soir, chez M. Gouguet, à Angoulême. Vous êtes prié de vous y rendre, ou de faire connaître votre décision.

« Veuillez agréer, etc.

« Pour les membres de la Commission,

« *Le président,*
« Baron de Laporte.

« A Monsieur de Montleau, aux Andreaux (Saint-Estèphe).

Mis en présence d'hommes prêts, comme je l'étais moi-même, pour les luttes de la pensée, je me hâtai de m'inscrire l'un des premiers parmi les fondateurs de la *Gazette de l'Angoumois*, à laquelle j'ai donné plusieurs articles politiques, littéraires et agricoles, dont quelques-uns me furent demandés par le comité de rédaction du journal.

Une étude sous le titre : *Le principe de l'hérédité monarchique mis en regard du génie révolutionnaire*, me valut un encouragement inespéré et, aujourd'hui encore, après vingt-cinq ans, bien cher à mes souvenirs.

L'Union disait dans son numéro du 13 mai 1851 :

« Un de nos amis, M. Terrasson de Montleau, vient de publier dans la *Gazette de l'Angoumois* une série d'articles sous ce titre : *Le principe de l'hérédité monarchique mis en regard du génie révolutionnaire*. Ce travail est remarquable au point de vue de l'histoire et de la logique gouvernementale. Après avoir justifié la politique du parti légitimiste, l'auteur termine en ces termes :

« Il est évident que si les légitimistes *seuls* rétablissaient Henri V, ils feraient de l'auguste représentant du principe de l'hérédité monarchique un chef de partisans qui, renonçant, par le fait d'une surprise imposée à la volonté nationale au prestige d'un glorieux passé de quatorze siècles, aurait encore, pour soutenir la lutte avec le génie révolutionnaire, une justesse de vues incontestable, mais dont l'action, limitée par le terme de son existence, présenterait après lui, au maintien d'un pouvoir quelconque, l'alternative d'un heureux coup de dés dans le choix de son successeur, ou d'une chute entre des mains moins habiles. »

« Non, non, ce n'est point ainsi que nos chefs parlementaires, et à leur tête le dépositaire si fidèle et si intelligent d'une pensée venue de l'exil, comprennent ce que Dieu et la France attendent de leur patriotisme. Berryer s'élève d'emblée à la hauteur de cette grande question de l'hérédité, portée sur un terrain brûlant, et cela parce qu'il n'a rien à craindre ni de recherches biographiques malignement formulées dans une interruption, ni de fouilles indiscrètes dans un passé qui, pour lui, n'est que de l'histoire.

« Quelques lignes confiées à l'illustre orateur et mises sous les yeux de tous les Français n'ont·elles pas, d'ailleurs, fait tomber une à une les barrières élevées par le génie révolutionnaire entre la France et le jeune prince que ce fatal génie feint de méconnaître après l'avoir exilé à dix ans?

« Mais, guidée à la fois par la fixité des traditions d'un autre âge et le sentiment délicat des hautes convenances de notre époque, la main prudente de l'héritier de tant de rois repousse la pesante armure des chefs de Sicambres, auteurs de sa noble race, pour choisir parmi les emblèmes d'une puissance plus irrésistible chez les nations civilisées, la séduction du style et l'entraînement du langage. Ces deux talismans, la plume, la parole deviennent entre ses mains, auprès des hommes rassemblés, les interprètes élégants mais fidèles de la sagesse·de sa pensée. Les leçons cruelles du passé lui ont révélé que si la division du parti de l'ordre est venue d'en haut, c'est aussi d'une source auguste que doit descendre l'exemple de l'harmonie dans la grande famille française. »

A l'occasion du plébiscite qui eut lieu le 8 mai 1870, l'abstention me parut la seule ligne de conduite à tenir par tous les amis du roi. Sur ce point important, une série de faits désastreux ont répondu à mes prévisions. On lisait dans *l'Union* (n° du 27 avril 1870) :

« Nous avons reçu, de nos amis des départements, des lettres d'adhésion à notre ligue politique trop nombreuses pour pouvoir être citées ou même mentionnées. Nous croyons, cependant, devoir faire exception pour celle qu'on va lire :

« Les Andreaux, par *la Couronne* (Charente).

« En présence du plébiscite qui va s'ouvrir, et pour ne laisser dans l'opinion de mon entourage aucun doute sur la pensée qui m'éloigne du scrutin, je livre ici à la publicité le refus formel de fausser au profit de la révolution le principe tutélaire si dignement représenté par l'auguste chef de la maison de Bourbon.

« Permettez-moi de réclamer l'insertion de ma lettre dans votre plus prochain numéro, et veuillez agréer l'hommage de mes sentiments respectueux et dévoués.

« A. DE TERRASSON DE MONTLEAU. »

A l'exemple de tous les serviteurs de la grande cause du droit, j'ai fait l'épreuve des difficultés inséparables de tout acte collectif de haute politique, et cela dans des circonstances que je vais préciser.

On a beaucoup écrit, et disserté plus encore, sur cette question vitale et ouverte par la convocation de l'Assemblée nationale : Faut-il ou non constituer avant d'organiser?

Les notions les plus élémentaires de droit public font pencher la solution du côté de l'affirmative. En effet, on ne saurait organiser ce qui n'a pas encore reçu une forme politique déterminée. Il est hors de doute que si le retour à la monarchie traditionnelle, qui, à dater du pacte de Bordeaux, n'a cessé d'être et de rester l'objet du vœu hautement exprimé de la majorité des Français, était venu rassurer les esprits justement alarmés d'une situation sans lendemain, il n'y aurait aujourd'hui ni menace, ni urgence d'appel à toutes les forces vives du pays pour faire face à de redoutables éventualités.

Pénétré de ces idées, je rédigeai et soumis à l'adhésion d'un groupe royaliste choisi dans l'élite de toutes les classes de la société l'adresse suivante, et le 27 juin 1871, je me présentai dans les bureaux de *l'Union*, accompagné de mon beau-frère, M. Léo de Labarre, qui avait prêté à la propagation de mon œuvre un concours actif et éclairé. Notre vénéré maître, M. Laurentie, après avoir donné son approbation décisive à mon travail, nous autorisa à le confier à l'honorable M. Princeteau pour être remis à MM. les députés de la Charente à l'Assemblée nationale.

« Messieurs les Députés,

« Il y a, dans les temps troublés, des jours de danger où les défenseurs de l'ordre social doivent à leurs concitoyens, et avant tout à leurs élus, l'expression d'une pensée politique nettement définie, afin de mettre en lumière la constance de leur attitude et la justesse de leurs prévisions.

« Lorsque, en présence des sinistres éventualités d'une lutte inégale, le scrutin du 8 février s'est ouvert, nous vous avons demandé un vote favorable au rétablissement de la paix, et vous avez, à l'unanimité, suivi l'impulsion de vos commettants. Aujourd'hui, le programme régulateur des destinées de la France est posé devant vous. L'heure approche de constituer un gouvernement stable et de nature à concilier l'alliance du pouvoir avec la liberté. Les enseignements de l'histoire sont là pour présenter la monarchie traditionnelle comme l'élément le plus décisif de salut dans le présent et de fixité du repos dans l'avenir.

« Nous n'avons pas ici, Messieurs, à dérouler le riche dépôt de nos vieilles franchises nationales, à les placer en regard des saturnales de la licence, prétexte spécieux déjà si souvent invoqué pour justifier aux yeux des masses irréfléchies le despotisme des dictatures.

« Qu'il nous suffise de résumer en quelques mots les principaux actes accomplis par la Restauration, qui, après avoir doté

la France d'un pacte social d'où découlent : l'égalité devant la
loi, les libertés publiques, la participation assurée par droit de
suffrage au mouvement des affaires, releva le crédit, créa, en
présence de la désorganisation de toute force régulière, une
armée formidable, rétablit l'équilibre européen, s'assura, au
congrès de Vérone, un concours d'alliances que le système de
monarchie élective, tant de fois faussé au profit de contrefa-
çons du principe de la monarchie héréditaire, a refusé, dans
toutes les épreuves déjà faites, à leurs auteurs : voilà les jours
de gloire et de prospérité que vous avez à faire revivre, et
pour cela il n'est qu'un moyen : *l'appel au droit*.

« De là, Messieurs, ressort l'urgente nécessité d'une surveillance active contre toute tentative occulte ou apparente de
surprise imposée à la volonté nationale, contre toute récidive
d'infraction au droit héréditaire consacré par une durée de
quatorze siècles et personnifiée aujourd'hui, aux yeux du
monde entier, dans la plus imposante figure historique des
temps modernes.

« Seul dépositaire actuel d'un droit impérissable et dont la
transmission est restée victorieuse du temps, Monsieur le
comte de Chambord est plus que le porteur d'un grand nom,
il est l'aîné des héritiers d'une grande race. Ce double prestige, qui le pose comme trait d'union entre les traditions du
passé et les garanties de l'avenir, l'a revêtu d'une force
refusée aux représentants de toute compétition, fussent-ils
assis sur les marches du trône. Ils ne pourraient successivement les franchir que par ordre de primogéniture, de mâle en
mâle, et en cas de vacance du trône légalement proclamée.

« Hommes du suffrage, instruments choisis par la volonté
librement exprimée de vos concitoyens pour l'accomplisse-
ment des desseins de Dieu sur la France, ne souffrez ni le
retour des épreuves déjà faites par la Révolution, ni celui des
essais qu'elle pourrait voiler encore sous une enseigne moins
menaçante que le bonnet sanglant de Phrygie... Nous vous
devons le bienfait de la paix ; mais votre mission ne s'achè-
vera que par la substitution du droit au fait, par celle des
principes aux expédients et, enfin, par la remise des destinées

de la France à l'auguste descendant de nos rois. si glorieuse-
ment lié au passé par ses ayeux et au présent par ses idées.

« Nous sommes, avec les sentiments les plus respectueux,
Messieurs les Députés, vos très-humbles serviteurs.

Suivent les signatures.

Angoulême, le 15 juin 1871.

Cette adresse, qui contient l'exposé des raisons politiques de
nature à motiver la solution de la question constitutionnelle,
fut approuvée en termes décisifs par l'organe le plus autorisé
de la presse royaliste. (Voir *l'Union*, n° du 18 juillet 1871.)